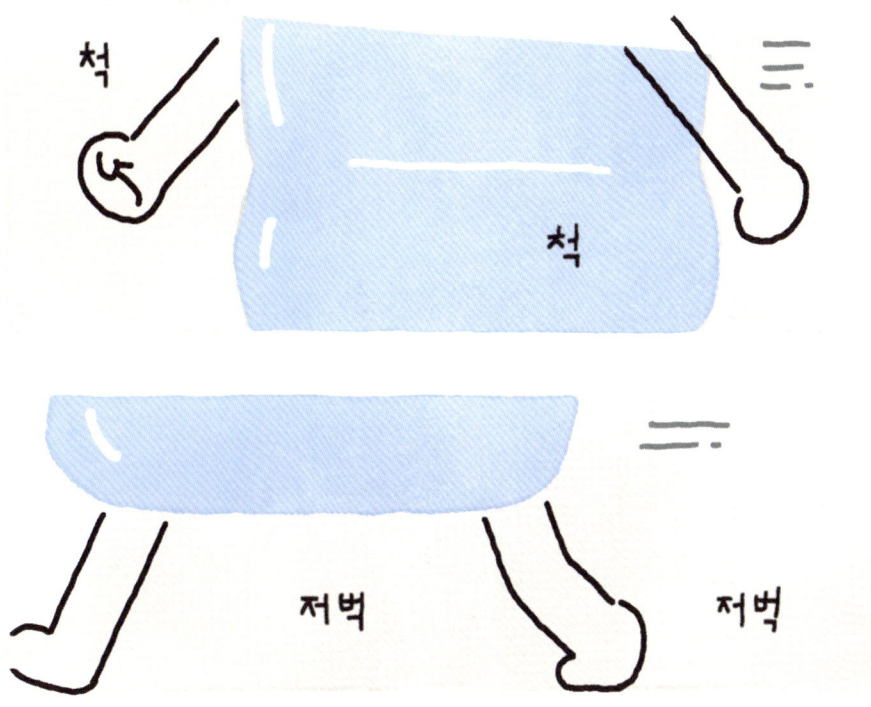

나의 이야기를 들으러 이 자리에 와 주신
여러분, 감사합니다.
나는 폴리에틸렌 테레프탈레이트입니다.
내 이름을 제대로 불러 주는 건 과학자들뿐입니다.
폴-리-에-틸-렌-테-레-프-탈-레-이-트!
하하, 나도 내 이름이 익숙해지지 않아요.
보통은 줄여서 페트라고 부릅니다.

나는 튼튼하고, 투명하고, 가볍고,
찌그러져도 다시 꼿꼿하게 일어섭니다.
녹슬지도 않고
곰팡이도 건드리지 못해요.
나는 오래가는 물건입니다.
대를 물려 쓸 수 있습니다.
보실래요?

천하나, 천둘, 천셋…

김성화 · 권수진 글

지구가 걱정되는 2인. 생물학, 분자생물학을 전공.
어렸을 적 꿈이었던 '친구와 함께 일하기'가 이루어짐. '플라스틱 소중하게 쓰기'를 실천하고 싶어 이 책을 씀.
지은 책으로 〈무한호텔〉 〈미래가 온다, 플라스틱〉 〈미래가 온다, 기후 위기〉 〈지구: 넓고 넓은 우주에 기적이 하나 있어〉
〈물은 예쁘다〉 등이 있습니다.

이명하 그림

〈뿔라스틱〉을 그리며 뜨끔했습니다. 저도 그들의 불만에 꽤 책임이 있거든요.
지은 책으로 〈달 가루〉 〈엄마를 구해 줘〉 〈사우나맨〉이 있고, 〈상자 세상〉 〈꿈꾼다는 건 뭘까?〉 〈꾀병 사용법〉 등을 그렸습니다.
애니메이션으로 〈존재〉, 〈스페이스 파라다이스〉 등을 만들었고, 히로시마 애니메이션 페스티벌 신인감독상,
동아LG 국제만화페스티벌 대상 등을 받았습니다.

지구를 생각한다 ❶ 뿔라스틱

초판 1쇄 발행 2024년 9월 5일 | 초판 2쇄 발행 2024년 12월 5일
글 김성화·권수진 | 그림 이명하 | 책임편집 전소현 | 편집 김연희 | 디자인 하늘·민 | 펴낸이 전소현 | 펴낸곳 만만한책방 | 출판등록 2015년 1월 8일 제 2015-000008호.
주소 서울시 마포구 토정로 222 한국출판콘텐츠센터 305호 | 전화 070-5035-1137 | 팩스 0505-300-1137 | 전자우편 manmanbooks@hanmail.net | 인스타그램 instagram.com/manmani0401
ISBN 979-11-89499-69-3 74300 | 979-11-89499-68-6(세트)
ⓒ 김성화, 권수진, 이명하 2024

이 책 내용의 전부 또는 일부를 이용하려면 반드시 저작권자와 만만한책방의 서면 동의를 받아야 합니다.
잘못된 책은 바꾸어 드립니다. 책값은 뒤표지에 있습니다.

지구를 생각한다 ①
뿔라스틱

김성화·권수진 글 | 이명하 그림

만민한책방

나는 1973년 ×월 ×일에 태어났습니다.

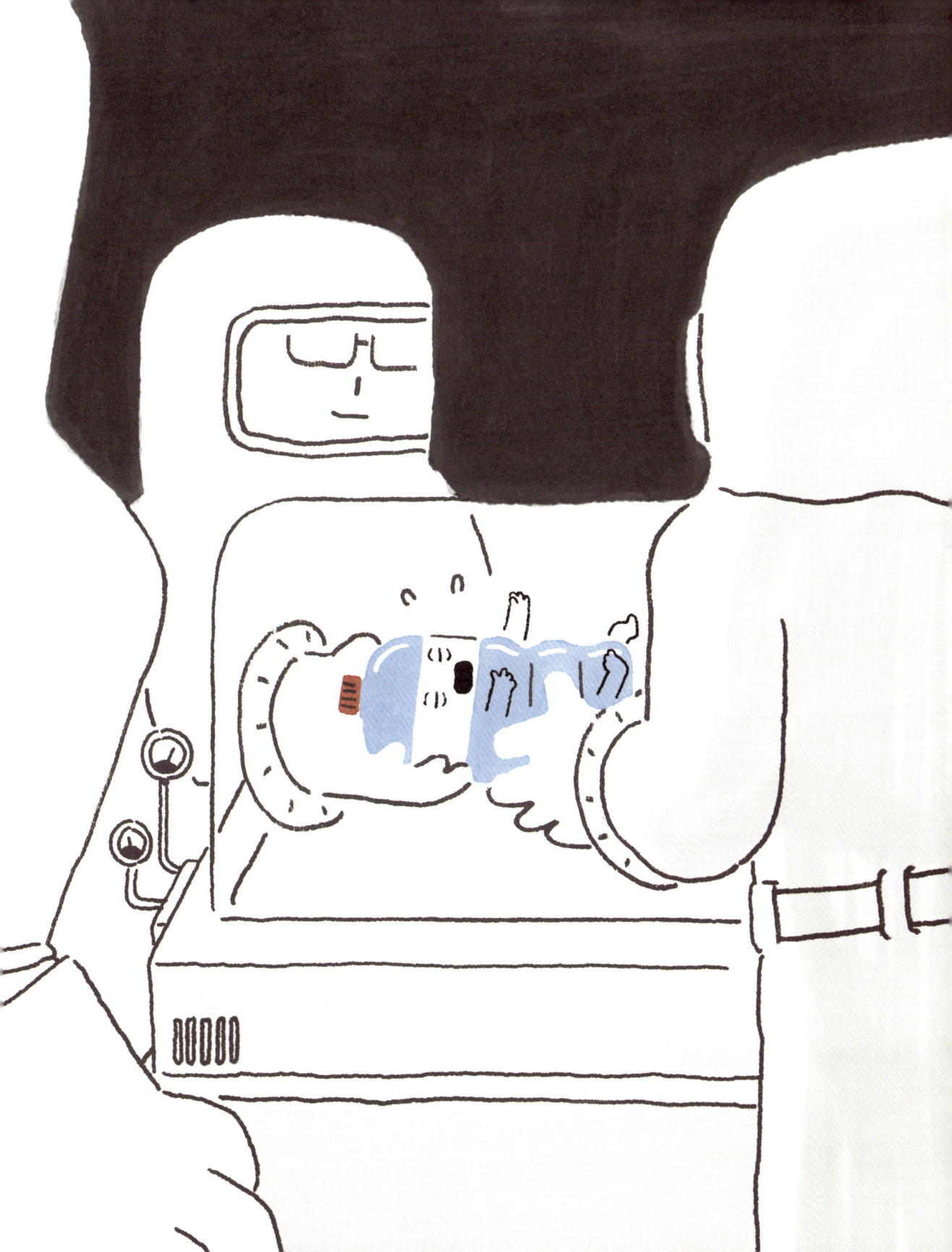

때가 되었을 때
여러분들처럼 나도 학교에 갔습니다.
"학교 다녀오겠습니다!"

준비물 다 챙겼고!

페트, 안녕?

같이 가~

얘들아, 안녕?

너 숙제 다 했어?

숙제라고?

나는 내가 위대한 가문의 자손이라는 것을 배웠습니다.
선생님은 이렇게 말씀하셨어요.
"역사는 플라스틱 전 시대와 플라스틱 후 시대로 나눌 수 있다!"
나는 선생님의 말씀을 가슴에 새겼고,
무한한 자부심을 느꼈습니다.

우리 플라스틱은

지구 역사상 가장 위대한…

학교를 졸업할 때 우리는 시험을 쳤습니다.
'다음 중 플라스틱으로 만든 것은 무엇인가?'
❶ 베개 ❷ 우산 ❸ 기저귀 ❹ 우주복

답은 몇 번일까요?

하하. 정답은 모두 다예요!

믿을 수 없다고요?

플라스틱은 마법의 재료라니까요.

돌로는 드레스를 만들 수 없고,

쇠로는 베개를 만들 수 없고,

유리로는 우산을 만들 수 없고,

나무로는 풍선을 만들 수 없어요.

하지만 플라스틱으로는 못 만드는 게 없습니다.

플라스틱은 판타스틱해요!

플라스틱 바지,

플라스틱 베개,

플라스틱 그릇,

플라스틱 기저귀,

플라스틱 스타킹,

플라스틱 봉지,

플라스틱 관절,

플라스틱 물티슈,

플라스틱 우주복,

플라스틱 로봇…….

미래에는 플라스틱 구름과

플라스틱 눈물도 있을지 몰라요!

위대한 플라스틱을 알아보고 지나가던 외계인이 말했어요.
"지구는 플라스틱 행성이야!"

펄펄 끓는 화산 용암 속에
들어 있었을까요?

우리 가문의
위대함을 생각하면
가슴이 떨려요.
도대체 우리는
어디서 왔을까요?

아니에요!
누군가
우리를
발명했어요.

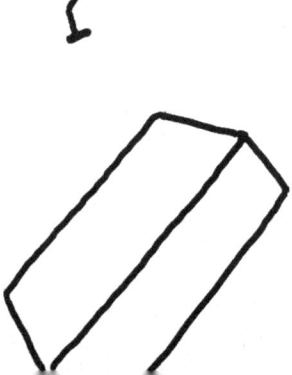

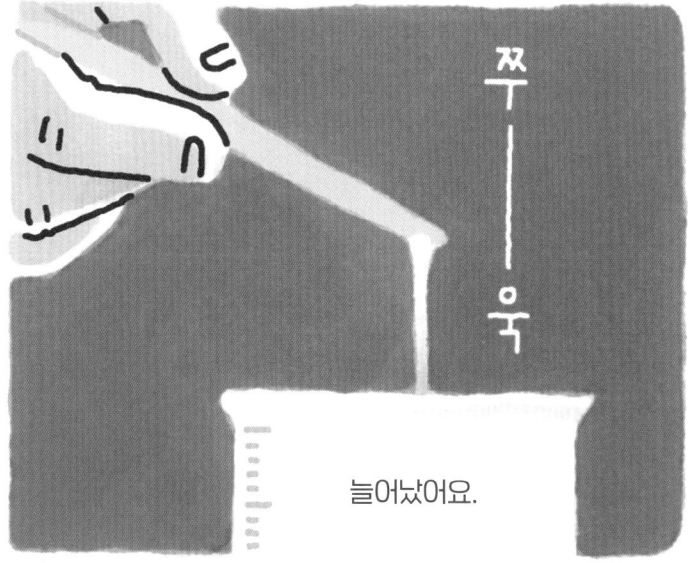

거기서 멈추었다면
위대한 페트는 탄생하지 못했을 거예요.
어느 화학 회사의 끈질긴 연구원이 아니었다면 말이에요.

나다니엘 와이어스 씨는
어느 날 탄산음료를 마시고 있었어요.
누군가 툭 치는 바람에 그만
손에서 병을 놓치고 말았어요.
와장창, 주르륵~
그건 유리병이었으니까요.
나다니엘 와이어스 씨는 생각했어요.
깨지지 않는 병은 없을까?
투명하고……
말랑말랑한…….

나다니엘 와이어스 씨는 뜨거운 금형 속에 석유 찌꺼기로 만든 가느다란 실을 넣고 공기를 불어 넣어 보았어요.

실패하고

실패하고

실패하고

실패하고

또 실패하다가

드디어드디어
떨어뜨려도 찌그러질 뿐
깨지지 않는 병을 발명했어요!

보시겠어요?

이게 우리를 만든 레시피예요!

스티로폼과 옷감

레고 블록과 비닐

솜과 스타킹과 페트병

모두모두 플라스틱이에요.

레시피가 조금씩 다를 뿐이에요.

플라스틱은
딱딱하고
부스럭거리고
푸석하고
하늘거리고
폭신하고
투명하고
쭉쭉 늘어나요!

비닐, 스티로폼, 페트!
우리 셋은 플라스틱 삼총사예요.
어느 날
우리는 저녁을 먹고 이야기를 나누었어요.
우리의 미래에 대해서 말이에요.

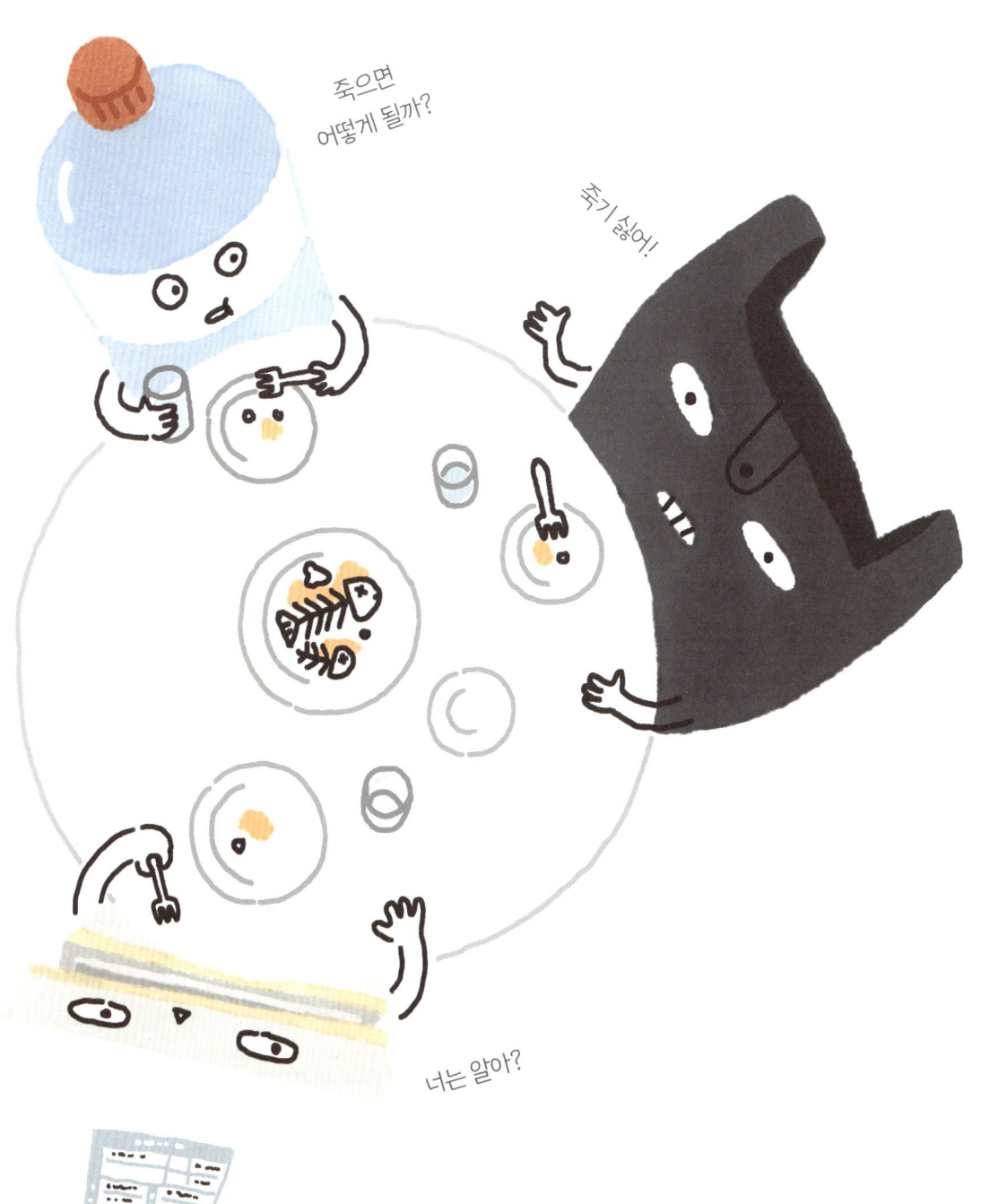

"우리는 썩어서 흙이 될 거야!"
비닐봉지가 말했어요.
"아니! 플라스틱이 썩는 건 세상에서 가장 어려운 일이야!"
내가 소리쳤어요.

"썩으려면 우리가 죽은 뒤에 세균이 먹어 줘야 해!
하지만 세균은 플라스틱을 먹지 않아!"
"왜? 맛이 없어?"
"아니, 영양가도 많을걸!"
"그런데 왜?"
"플라스틱을 먹는 세균이 아직 지구에 진화하지 않았어.
플라스틱이 지구에 탄생한 지 100년도 되지 않았거든."

"우리는 플라스틱산이 될 거야, 플라스틱섬이 되고!
플라스틱섬이 점점 커져 지구의 일곱 번째 대륙이 될 거야.
커지고 커지다가 바다를 삼키고   도시를 삼켜!"

그제야 사람들은 후회하겠죠?
그런 일이 일어나지 않기를 바랍니다.
하지만 진짜로 무서운 건…….
우리가 눈에 보이지 않게 된다는 것입니다!
사라지는 거냐고요?
그럴 리가!
우리는 썩지 않는다고요.
다만 부스러질 뿐…….

세제로 옷을 빨 때

설거지를 할 때

샴푸로 머리를 감을 때

타이어가 굴러갈 때

신발을 신고 걸어갈 때

조금씩 조금씩

플라스틱이 떨어져 나옵니다!

비가 후드득, 파도가 철썩철썩,

강렬한 자외선이 사정없이 우리를 부스러뜨립니다.

우리는 점점 작아지다가 눈에 보이지도 않을 만큼 작아져요.

우리는 이제 미세 플라스틱이라 불립니다.

전에는 아무도 몰랐어요.

우리가 눈에 보이지 않게 되었을 때

무시무시한 존재가 된다는 걸 말이에요.

우리는
먼지보다 작아져서 고요히 흐릅니다.
공기 속으로
지하수로
바다로…….
물고기가 우리를 먹고
풀이 우리를 빨아들여요.
우리는 고기와 생선, 채소에 스며들어
사람들의 식탁에 오릅니다.

미안합니다, 여러분.

한 달이면 칫솔 1개 무게만큼
일 년이면 칫솔 12개 무게만큼
여러분의 입속으로 미세 플라스틱이 들어가요!

처음에 플라스틱을 발명한 과학자들도 몰랐어요.
어떻게 알았겠어요?
사람들이 일 년에 페트병을 5000억 개 쓰고,
일 년에 비닐봉지를 9000조 개 쓰고,
'일회용'이 없으면 단 하루도 못 살 줄!

정말 몰랐다니까요?

우리는 코트 깃을 여미고 거리로 나갔어요.
미세 플라스틱 바람이 불어와요.
미세 플라스틱 비가 내려요.

우리는 사람들에게
편리함과
아름다움과
상상력과
시간을 선물해 주었지만
사람들은 이제 말해요.
"플라스틱 쓰지 마!"
"플라스틱은 없어져야 해!"

나는 길을 막고 말했어요.
걱정들 마시라고요!
일부러 없애지 않아도
저절로 없어질걸요.
우리를 무얼로 만드는지 잊어버렸나요?
100년쯤 뒤에 석유가 바닥이 나면,
페트병 1개도 만들 수 없을 테니까요.

하지만 플라스틱이 없다면
80억 사람들이 입을 옷과
80억 사람들이 신을 신발과
80억 사람들이 덮을 이불과
80억 사람들이 쓸 봉지를
무엘로 만들 수 있을까요?
언젠가 플라스틱은 귀한 물건이 될 거예요.
값비싼 플라스틱 목걸이를 선물하고
결혼을 할 때도 플라스틱 반지를 끼워 줄 걸요.
언젠가 화성에 집을 지을지도 모르는데,
플라스틱이야말로 딱 맞는 재료예요.

우리는
오래오래 쓰이는 물건이 되고 싶어요.

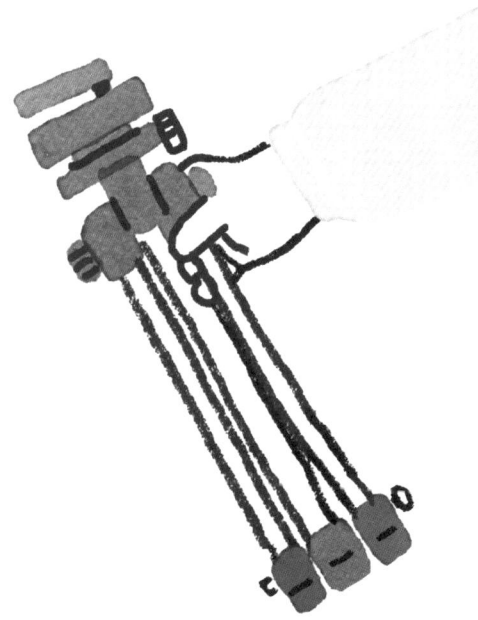

우리도 뭔가를 해야 해요!

우리의 이야기가 뉴스에 나오면 귀를 기울여 주세요.
매일매일 우리를 쓸 때 기억해 주세요.

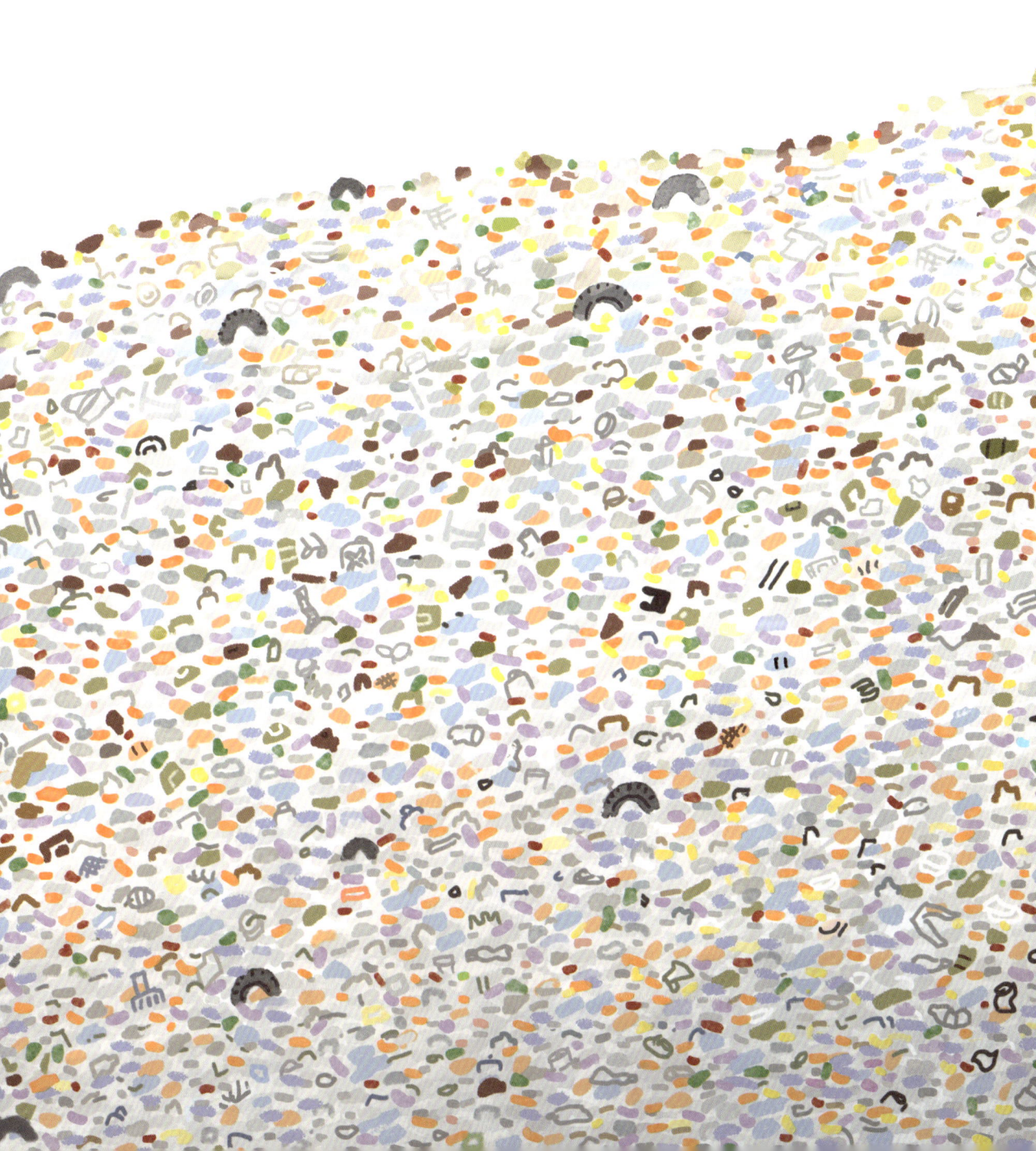

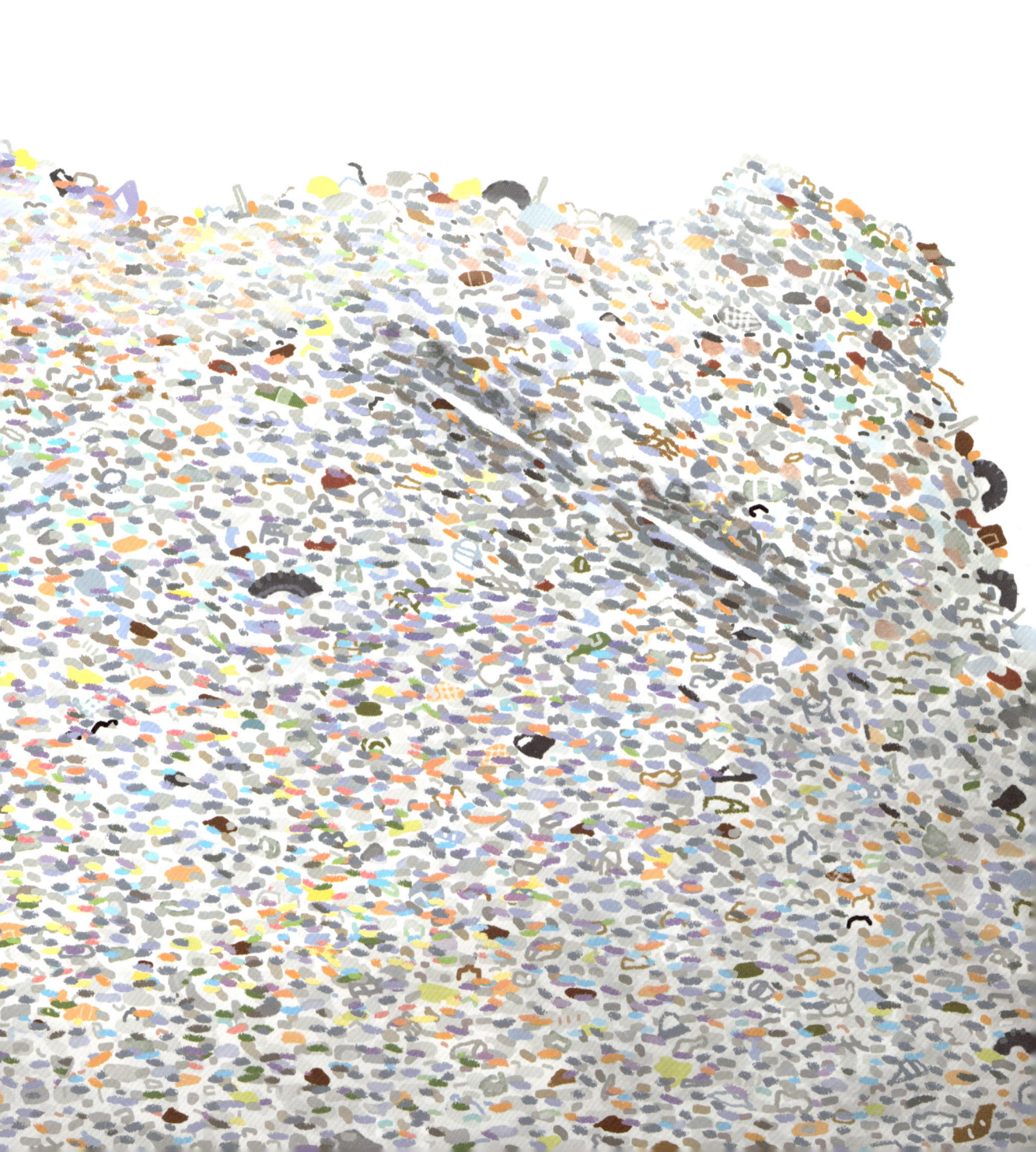

우리는 여러분의

반려 플라스틱이 되고 싶습니다.